# Harcèlement sexuel au bureau.

**Claude Cognard.**

# Harcèlement sexuel au bureau.

ISBN-13:978-1503023369

ISBN-10: 1503023362

# Avant-Propos.

L'hominien, la bête des cavernes, réside encore en nous, les humains du XXIe siècle, et principalement en l'homme.

En l'homme ? non que la pulsion soit moins maîtrisable chez les mâles, mais parce que le besoin de domination, le besoin de contrainte, le besoin de soumettre l'autre est culturellement ancré dans nos chromosomes et qu'il nous faut un travail constant sur nous-mêmes pour le bannir.

Dans ce jeu de scènes dramatiques, Bob le patron est un de ces « prédateurs » convaincu que le seul titre de patron lui ouvre les portes à défaut des cœurs féminins, ceux de leurs sexes et que la contrainte est inscrite dans les règles occultes d'un jeu millénaire. Cette manière d'envisager le rapport homme-femme n'est pas prête à disparaître entièrement de nos sociétés patriarcales et machistes.

N'imaginez pas que la résistance de la proie, ici Sophie, va contraindre Bob, à faire marche arrière, au contraire, comme le chat devant la souris terrorisée, le patron va y percevoir un encouragement, une motivation supplémentaire pour jouer à « je suis le plus fort, soumets-toi, tu n'as plus le choix ». Tétanisée la femme capitule la plupart du temps…

Pourtant, il est des jeux sadiques qui finissent par trouver une réponse inattendue…

Vous allez sûrement pouvoir rire, mais n'oubliez pas que derrière votre hilarité se cachent des drames.

# Indications.

*Ceci est une fiction, inutile de le préciser. Tous les per-sonnes et les situations, les faits, les idées sont imaginaires et toutes ressemblances avec des faits, des personnes exis-tantes ou ayant existé seraient purement fortuites.*

Deux bureaux …
Une femme (SOPHIE. ).
Un homme (BOB. )

Deux bureaux.
Deux téléphones.
Dossiers – ordinateurs. Chaises.

*(La femme plutôt plus jeune que l'homme).*

*Bob est un patron autoritaire sans limites, qui considère que toutes femmes à son service deviennent sa propriété et qu'il peut en user et en abuser. Passive Sophie va se laisser entraîner dans un jeu pervers et insupportable…*

Claude Cognard.

Claude Cognard.

L'homme circule à travers la pièce en silence, parfois, il se plante et regarde la très jolie jeune femme qui travaille. Sophie quitte la pièce, Bob se précipite sur son téléphone.

### Acte.

BOB. (*Au téléphone*). Ça y est ! Je l'ai recrutée… ce qu'elle est belle ! Oui, celle que… oui ! oui ! Je sens qu'elle est chaude. On ne peut pas la comparer avec la vieille Louise ! Soixante ans ! (*pause*). La nouvelle ? (*il semble rêver*). Elle ? elle est sexy. Beaucoup plus sexy que lorsque nous l'avions reçue en entretien. Tu ne te souviens plus de son nom ? Sophie. Une boule de sexe, la Sophie ! (*Il frémit*)…. tu as raison ! ne nous attachons pas ! depuis que ma femme, Mylène, m'a quitté, je … Oui ! devant le sexe féminin, je bous ! moi aussi ! quand tu considères comme toutes les salopes qui nous entourent. Notre chance à nous les patrons, c'est qu'elles n'ont qu'une obsession… se faire mettre…(*rires*)… non, je ne suis pas vulgaire. Moi, lui proposer… non ? … (*rires*)… le restau ? les fleurs et tout le bastringue ? à Sophie ? tu parles de Sophie ? non, **avec moi,** pas de simagrées… **avec moi,** les femmes, ça passe ou ça casse… l'autorité ! l'autorité ! la trouille, leur faire peur et ensuite, elles sont prêtes à tout accepter pour leur maître ! *(rire)*. Elles rampent à nos genoux … Elles en redemandent.  Nous ne sommes pas des couilles molles ! Sophie, ce soir, sûr que j'aurai couché *(rire)*… Oui, je l'aurai couchée *sur mon* ou *sur son* bureau… la Sophie ! *(rire)*. Pourquoi pas, dans mon lit, la Sophie !… *(rire)*. Je ne sais où je la coucherai, mais sûr que ce soir, je l'aurai couché quelque part ! *(il se touche la poitrine)*. Poils aux nibards ! *(rires)*. Elles sont connes ces femmes ! Peur ? Moi avoir peur ? Peur de quoi ? qu'elle porte plainte ? tu plaisantes, comme les autres, elle en redemandera !… je vais commencer par le coup du stylo… eh bien oui, je…

*(Porte qui claque).*

BOB.  Elle revient, je te laisse… la suite très vite au prochain épisode. Tu verras que les événements vont… *(il raccroche).*

  *(Il feint de se plonger dans un dossier, la suit du regard alors qu'elle regagne son bureau.)*

BOB.  *(Qui hurle)*. Sophie ! Apportez-moi un stylo !

*Sophie accourt avec le premier stylo qu'elle a sous la main. Elle semble ne pas remarquer les stylos qui se trouvent devant Bob.*

SOPHIE.  Oui, Monsieur, le voilà ! *(elle se retire).*

Harcèlement sexuel au bureau comédie de Claude Cognard.

(*Bob essaie d'écrire – stylo ne fonctionne pas*).

BOB.  Bon Dieu Sophie, un stylo qui fonctionne !
Mais bon sang, quand il s'agira de signer  les
bordereaux de virement des salaires à la fin du
mois, je prendrai cette connerie de stylo.

SOPHIE.  (*Qui revient*). J'aurais dû contrôler. Voilà,
Monsieur, avec mes excuses…

BOB.  Je m'en fous de vos excuses, j'aimerais que
vous soyez plus professionnelle…

SOPHIE.  Je le serai monsieur !

BOB.  En attendant, arrêtez avec vos salamalecs,
appelez-moi le Garage Dupuy.

SOPHIE. (*Étonnée*). Dupuy ? Vous êtes sûr ? Sauf
erreur de ma part, votre voiture d'hab…

BOB.  (*En aparté*). Non, mais elle est de plus en
plus conne… Je vous dis Dupuy, vous êtes sourde
ou quoi. Dupuy, c'est Dupuy.

SOPHIE.  (*Hésitante. Impressionnée.
Apeurée*).Garage Dupuy à…. Ici en ville ?

BOB.  Vous n'allez pas rester à ce poste bien
longtemps…

SOPHIE.  Bon ! Je cherche... (*sur son ordinateur*)...

BOB.  Vous cherchez ?

SOPHIE.  Le plus proche d'ici...

BOB.  Et en plus, elle cherche ! Vous devriez déjà l'avoir... Putain, mais regardez dans Dupuy, garage Dupuy... c'est simple ! c'est du niveau de la maternelle.

SOPHIE. (*En composant un numéro de téléphone*). Mais, le voilà, Monsieur ! (*Au téléphone*). Ne quittez pas, je vous passe Monsieur Robert Messichon. Oui, bien sûr ! (*à Bob.* ) À qui voulez-vous parler, Monsieur ?

BOB.  Mon interlocuteur habituel, évidemment !

SOPHIE.  (*Inquiète*). Service après-vente, j'imagine ?

BOB.  Vous êtes trop conne, passez-les-moi ! (*pause*). Allo, oui ! Robert Messichon, je veux parler à Georges ...(*pause*). Georges Duklan ! Votre patron ! Il vous a quittés ou quoi ? Vous vous moquez de moi, Mademoiselle ? Vous n'avez jamais eu de Georges... Vous êtes bien le garage Dupont ? Non ! alors je vous prie d'excuser ma secrétaire...Elle débute ! (*il raccroche violemment*).

Harcèlement sexuel au bureau comédie de Claude Cognard.

Il n'y a que la connerie qui ne débute pas chez elle ! Bon sang, je vous ai demandé d'appeler Dupont, j'ai insisté plusieurs fois et vous êtes restée sur votre première idée. Résultat, vous me passez Dupuy.

SOPHIE.  Désolée, Monsieur, j'ai essayé de vous…

BOB.  Et elle n'assume pas.

SOPHIE.  J'ai tenté de vous faire remarquer que…

BOB.  Non, mais je ne le crois, pas, ça va être de ma faute …

SOPHIE.   Je ne me le permettrais pas…

BOB.  Bien sûr que si, vous vous le permettriez ! Le personnel n'a plus le moindre respect pour l'employeur que je suis…

SOPHIE.  Je vous respecte monsieur !

BOB.  Personne ne respecte personne ! le personnel se croit chez lui dans l'entreprise. *(rire)*. Il profite de tout… à la moindre occasion, il emprunte *(rire),* il vole !… d'ailleurs, je me demande …

SOPHIE.  Oui ?

BOB.  Mon stylo en or, une pièce unique de valeur

inestimable, offerte par mon grand-père bijoutier, si ça se trouve, vous me l'avez...

SOPHIE. Pardon, j'ai peur de ne pas vous suivre ...

BOB. Oh, vous savez très bien ce que je veux dire...

SOPHIE. Ce que vous voulez dire ?

BOB. Oui ! Vous savez que je pourrais vous fouiller ?

SOPHIE. Non, Monsieur ...

BOB. Comment ça, non ? Non, sous-entendu, je ne pourrais pas vous fouiller, ou non vous ne savez pas que je pourrais vous fouiller ?

SOPHIE. *(Terrifiée)*. Je doute que la fouille, d'une employée par son patron, soit autorisée dans les entreprises.

BOB. Je m'en fiche ce qui est ou non autorisé ! *(rire)*. ici, je suis chez moi, et chez moi, c'est moi qui décide de ce qui est autorisé ou non !... venez ici...

SOPHIE. *(apeurée, elle se lève et avance vers la porte)*. Monsieur, nous allons en rester là...

Harcèlement sexuel au bureau comédie de Claude Cognard.

BOB. En rester là ? en restez où ? C'est vous qui décidez maintenant ? Vous décidez pour moi, dans mon entreprise ?

SOPHIE. *(Diplomate).* Non, Monsieur, ce n'est pas ce que je dis...

BOB. En tout cas, c'est ce que j'entends... si vous n'avez rien à vous reprochez, venez jusqu'à moi ! allez, approchez vous !

SOPHIE. (*Elle approche tremblante*). Je n'ai rien à me reprocher et si vous continuez, je hurle !

BOB. Allez y ! Mais allez-y ! hurlez, que voulez-vous que ça me fasse ? Vous croyez que quelqu'un viendra vous porter secours ? Rêve, salope !

SOPHIE. Je ne vous permets pas, Monsieur !

BOB. Vous ne permettez pas ? Continuez ... le chef, c'est moi et ... alors ce stylo en or ?

SOPHIE. Je ne l'ai jamais vu, Monsieur.

BOB. Comme par hasard ! Je ne suis pas dupe... Vous avez des enfants, je crois ?

SOPHIE. Deux ! Monsieur ...

BOB. Alors pensez à eux !

SOPHIE.  Je ne cesse de penser à eux !

BOB.  J'en doute !

SOPHIE.  *(Silence).*

BOB.  Vous avez besoin de travailler ?

SOPHIE.  Oui, Monsieur ! Je vis seule avec mes enfants, vous le savez…

BOB.  Raison de plus pour vous montrer plus coopérative, non ?

SOPHIE.  Si vous avez un doute quel qu'il soit, appelons la police….ce n'est pas à vous de me fouiller corporellement.

BOB.  Vous me prenez pour un con ?

SOPHIE.  Je… quelle idée ?

BOB.  Encore une de vos ruses pour gagner le temps de faire disparaître ce stylo, dont vous connaissez le prix.

SOPHIE.  J'ignore sa valeur et je me moque de posséder un stylo de… de…enfin, ce type de stylo en or.

BOB. Vous vous moquez de beaucoup de choses, Mademoiselle…

SOPHIE. Madame ! (*Elle continue sur sa première idée*). Un stylo en or ? J'aurais trop peur de le perdre !

BOB. Vous n'aimez pas le luxe, peut-être ?

SOPHIE. (*Hésitante*). Si ! oui, j'aime … certains objets luxueux… j'aime les beaux habits, les… la belle couture.. la haute…

BOB. Vous aimez l'élégance, la couture, vous? (*en insistant sur le mot mademoiselle*). Mademoiselle ?

SOPHIE. Oui, moi !

BOB. Vous avez vu comment vous êtes fringuée, Mademoiselle ?

SOPHIE. (*Elle se regarde*). Désolée, je me changerai pendant le temps du déjeuner, **Monsieur** ! (*Elle insiste à son tour, sur monsieur*). Appelez-moi **Madame**, s'il vous plaît ?

BOB. Madame ? Quand on porte des jupes aussi courtes, on n'a pas le toupet de se faire appeler Madame.

SOPHIE. Que voulez-vous dire ?

BOB.  Que je comprends pourquoi votre mari vous a quittée.

SOPHIE.  Il ne m'a pas quittée. Il est mort. *(elle semble sangloter).*

BOB.  Enfin, vous êtes seule et une femme seule est une femme qui… *(il suspend sa phrase).*

SOPHIE. *(Elle se resaisit).*  Qui ?

BOB.  Quand la marmite est chaude, il faut retirer le couvercle, connasse !

*(Sophie veut ouvrir la porte et Bob se précipite et la bloque avec le pied).*

BOB.  Tu fais ta farouche ! tu n'es pas la première à m'avoir résisté, tu ne seras pas la première à te laisser faire…

SOPHIE.  Une dernière fois, Monsieur, je vous demande d'arrêter et nous mettrons votre attitude…

BOB.  *(Qui la coupe).* Mon attitude ? Je ne le crois pas ? *(il se parle à lui-même).* Tu entends comment elle te parle mon petit Bob ?

SOPHIE.  Oui, votre attitude sur le compte de… de…

Harcèlement sexuel au bureau comédie de Claude Cognard.

BOB. De ?

SOPHIE. De l'erreur humaine ?

BOB. Parce que moi, j'aurais commis une erreur ?

SOPHIE. Sinon, c'est un délit ! passible de…

BOB. (*Il la coupe*). Un délit ! (*il rit sans fin*). Et toi, avec ce décolleté, cette jupe à ras du… de la foufoune, c'est de l'art. Alors si moi, c'est un délit, toi c'est de la provocation, du harcèlement.

SOPHIE. (*Désireuse d'apaiser la situation*). Je comprends, il y a eu un malentendu entre nous.

BOB. Pas de malentendu ! les choses sont très claires.

SOPHIE. Je vous promets d'aller me changer. Vous redevenez mon patron, je redeviens votre nouvelle secrétaire de direction…On s'en arrête là …

BOB. Elle reconnaît m'avoir harcelé et elle voudrait s'en arrêter là… (*il la bouscule contre la porte*). Saaalope . Mais je vais porter plainte contre toi… qui m'a conseillé d'embaucher une pétasse comme celle-ci ?

*(Sophie en pleurs.)*

BOB.  Un iceberg ? Une banquise ? une frigide de première classe…

*(il essaie de lui arracher sa jupe, elle le frappe au visage et lui donne un coup de genou entre les jambes- Il s'effondre).*

SOPHIE.  Maintenant, ça suffit !

BOB.  *( au sol, suffoquant).* Considérez que vous êtes virée !

SOPHIE.  Et vous, vous pouvez déjà imaginer le décor des murs de votre prison !

BOB.  De la prison ? peuh !

SOPHIE.  Malade mental.

BOB.  Vous m'insultez ?

SOPHIE.  Capitaine Sophie  Desmollière, Police nationale. *(Elle compose un numéro sur son téléphone de la poche).* Allo ! Commissaire ! c'est Sophie  ! Tout a fonctionné comme prévu ! Tous pareils aveuglés par leurs ego. J'ai eu très vite, droit au   scénario que ce prédateur a  servi aux victimes précédentes.

*(Elle raccroche. Il se relève, puis progresse plié en deux, il respire difficilement).*

BOB.  Vous n'avez aucune preuve contre moi ! Mon avocat se chargera de porter plainte contre vous ! Pauvre conne !

SOPHIE.  Pas de preuves ? Nous ? Commissaire si vous êtes toujours en ligne, vous pouvez me rappeler sur mon portable.

**_Le téléphone portable de Sophie  Sonne._**

Claude Cognard.

**Rideau.**

# Table des matières.

www.ingramcontent.com/pod-product-compliance
Lightning Source LLC
Chambersburg PA
CBHW040915180526
45159CB00010BA/3079